Idioms help you better understand English. We use Catch-Phrases to quickly convey meanings when we talk. Often the origins of where they came from are long since forgotten.

We keep using the phrases because they are catchy and easy to understand. This book offers possible explanations of where these catchy phrases came from.

สำนวนจะช่วยให้คุณเข้าใจภาษาอังกฤษดีขึ้น เราไช้สำนวน เพื่อติคต่อพูดความหมายเร็ว แม้ว่าสำนวนที่มาลืมนานแล้ว เรายังไช้วลีนี้เพราะน่าสนใจและเข้าใจง่าย หนังสือเล่มนี้อธิบายสำนวนเหล่านี้คงจะมาจากไหน?

© Copyright Try Thai LLC 2010

Table of Contents

Page	Description
1	Introduction
3	Big Wig
7	Computer Bugs
11	Fired
15	Heard it Through the Grapevine
19	Loose Cannon
23	Pot Hole
27	Put a Sock in it
31	Quack
35	Saved by the Bell
39	Throw the Baby Out with the Bath Water
43	TIP
47	Underdog
51	Wave a Red Flag
55	Windfall
59	Conclusion

2

Why does "big wig" mean an important or famous person?

ทำไมคำ "ผมปลอม ใหญ่" หมายความว่า ผู้ใหญ่สำคัญมาก หรือ คนมีชื่อเสียง?

Big Wig

In the past, people didn't know about the health benefits of bathing. Hot water was expensive and very hard to make. There was no indoor plumbing. People did not bathe very often. It was fashionable for the rich to wear wigs to hide their greasy hair.
The more famous the person, the bigger the wig they wore.

สมัยก่อนทุกคนไม่รู้การอาบน้ำเป็นประโยชน์สุขภาพ ก็ การทำให้น้ำร้อนแพงและยาก ไม่มีท่อน้ำข้างในบ้านด้วย ทุกคนอาบน้ำไม่บ่อย เป็นแฟชั่น สำหรับคนรวย ที่จะใส่ผมปลอม เพื่อบังผมสกปรก ผู้มีชื่อเสียงมาก ใส่ผมปลอม ใหญ่มาก

Today, we say this phrase to mean someone famous.
For example, "The big wigs walked down the red carpet".

ตอนนี้เรายังใช้สำนวนหมายถึงบุกคลมี
ชื่อเสียง ตัวอย่างเช่น "บิก วิก" เดินลงพรมสีแดง

Why do we say "bugs" to mean computer problems?

ทำไม คำ "แมลง" หมายความว่าคอมพิวเตอร์ปัญหา?

Computer Bug

The first computer was as big as a room. One day Grace Hopper's computer stopped working. She found a moth inside the computer had caused the problem. From then on, she called a computer problem – a "bug".

คอมพิวเตอร์ครั้งแรกใหญ่ขนาดห้อง วันหนึ่งคอมพิวเตอร์ ของ 'เกรซ หอปเปอร์' เลิกทำงาน ขาพบแมลงข้างในคอมพิวเตอร์ ซึ่ง ทำให้เสีย ตั้งแต่นั้นเขาเรียกคอมพิวเตอร์ ปัญหาเป็น "บัก"

UH-OH....
Boy am I in a
lotta trouble!

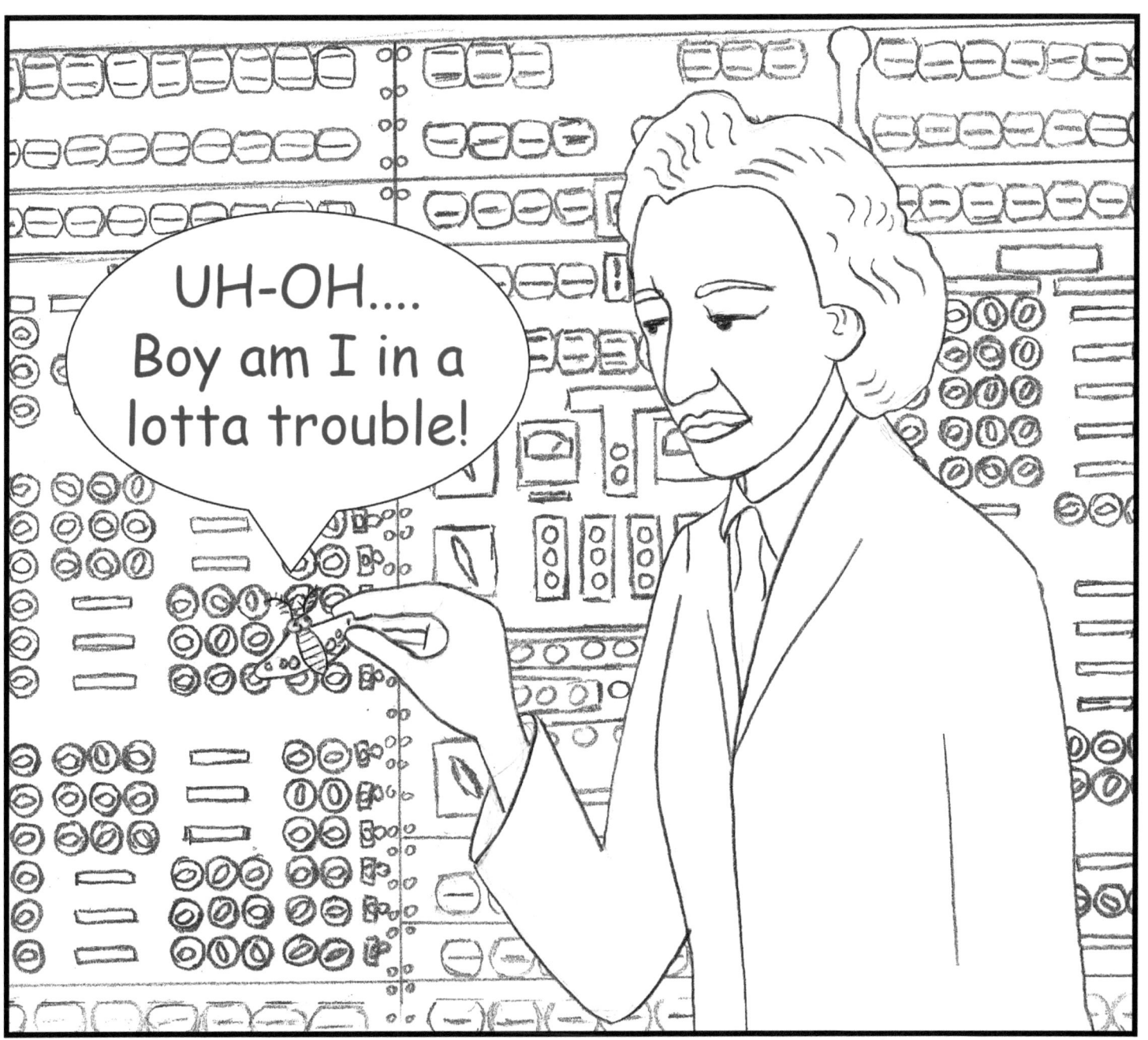

wikipedia commons by www.gnome.com

Today, we say this phrase to mean computer problems.
For example, “My computer is not working right.
I think it has a bug.”

ตอนนี้ เรา ยังใช้สำนวนหมายถึงคอมพิวเตอร์ ปัญหา
ตัวอย่างเช่น คอมพิวเตอร์ ฉันกำลังทำงานไม่ถูกต้อง
ฉันคิดว่ามันมี “บัก”

WHY DOES "FIRED"
MEAN TO LOSE A JOB??

ทำไมคำ "ถูกไฟไหม้"
หมายความว่าไล่ออกงาน?

Fired

Years ago, people used hand tools to dig metals from a mine. Each miner lived in a small shack near the mine. A miner who broke the rules, like endangering others or stealing, was punished. His shack was burned down. Once the fire was over, he could no longer work there. He had been "fired" from the job.

นานมาแล้วคนงานใช้เคื่องมือขุดแร่จากเหมือง เขาอยู่ที่บ้านเล็กใก้ทางเข้าเหมือง คนขุดที่ทำผิดกฏหมายเช่นเป็นภัยคนอื่นหรือ โขมย เขาได้ลงโทษ บ้านเล็กของเขาลงเผาไฟ หลังจากไหม้หมด เขา ก็ ทำงานต่อไปที่เหมืองไม่ได้ เขาถูกไล่ออกจากงาน

You can't fire me.... I QUIT!

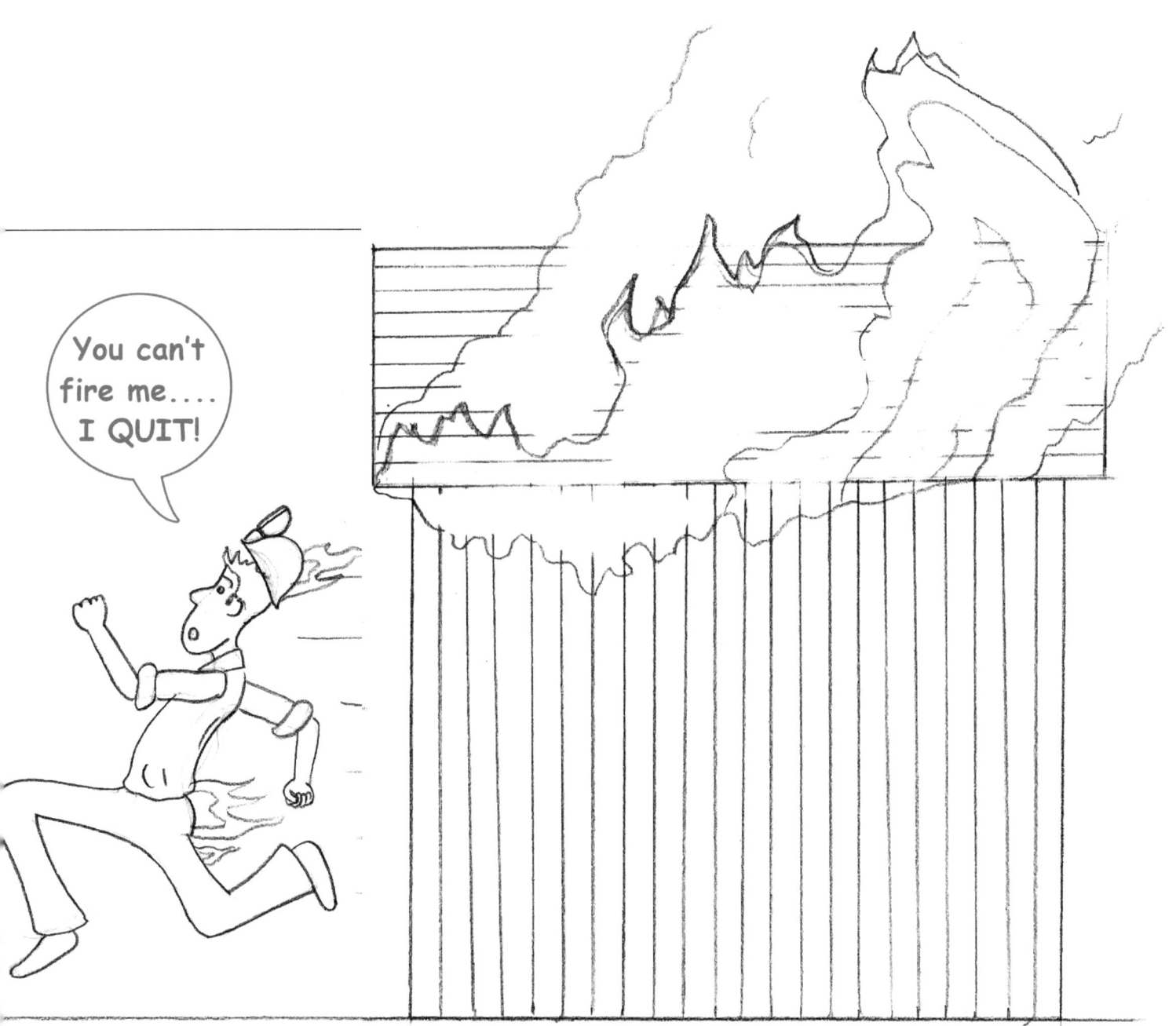

wikipedia commons by LuigiNovi Nightscream

Today, we say this phrase to mean someone who has lost their job because of something they did. For example, "He was always late for work so he was fired".

ตอนนี้เราพูดวลีนี้เพื่อหมายถึงเมื่อคนหนึ่ง หายงานเพราะสิ่งเขาทำผิดตัวอย่างเช่น เขามา ทำงานสายบ่อย ๆ ฉะนั้นเขา “ไฟ-เอ็อร์ด” ไล่ออกแล้ว

Why does "heard it through the grapevine" mean to learn from gossip?

ทำไมคำ "ได้ยินผ่านต้นองุ่น" หมายความว่า เรียนรู้จากนินทา?

Heard it Through the Grapevine

Before telephones, telegraphs were used like this. Tapping the telegraph caused electricity to flow in - on and off - patterns. These dots and dash of Morris Code represented each alphabet letter. Telegraphs used long wavy wires that looked like "grapevines".

สมัยก่อนมีโทรสัพท์ ได้ใช้โทรเลขยังนี้ กดเครื่องเร็วทำให้ไฟฟ้าเปิดหรือปิดตาม เรียกว่า จุดหรือขีดของรหัสมอร์ส ที่จะทำแบบตัวแทนแต่ละอักษร โทรเลขใช้สายยาวเป็นคลื่น ซึ่งดูเหมือน ต้นองุ่น

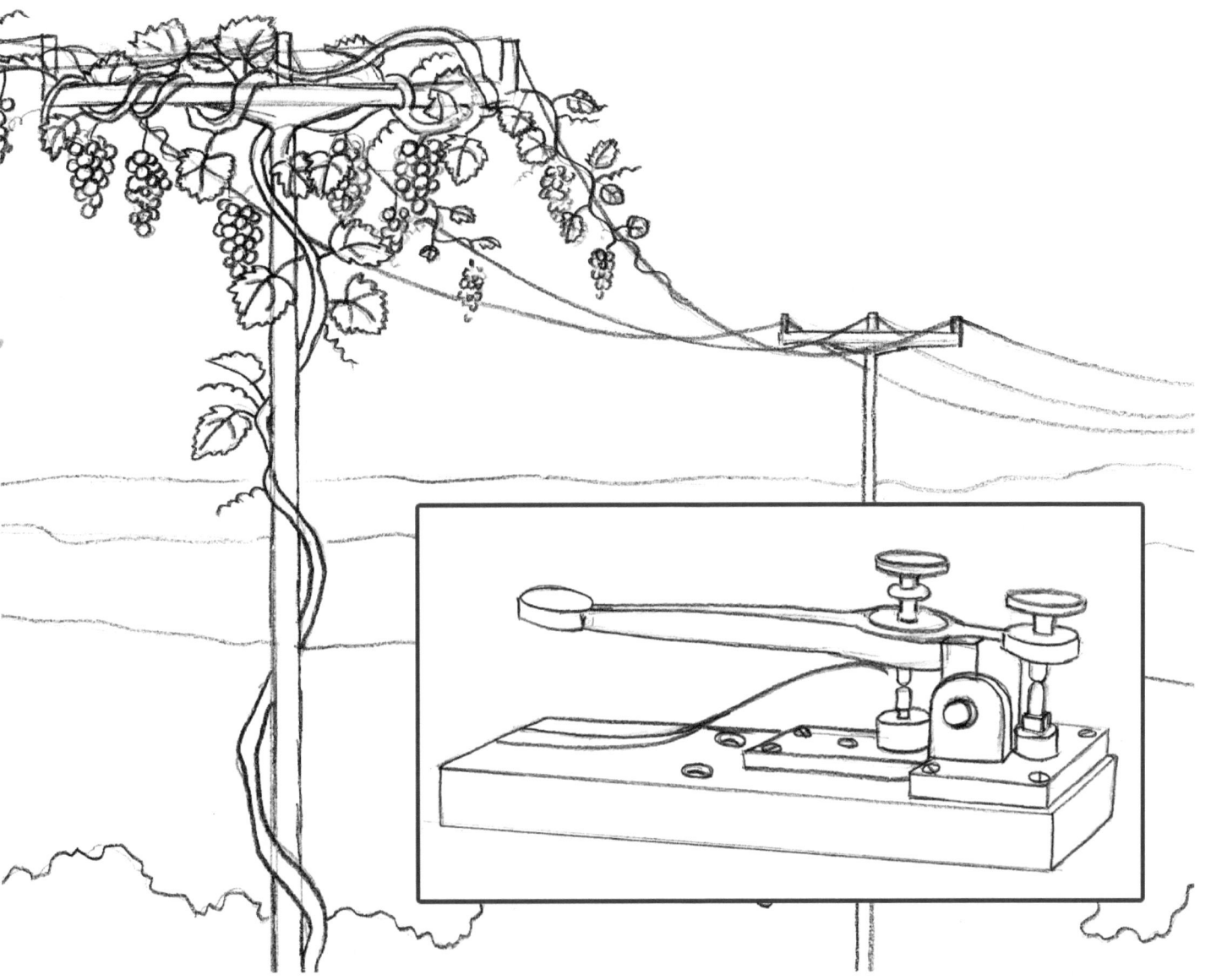

wikipedia commons "The Friendly Gossips" by Eugen de Blaas

Today, we say this phrase to mean "hear something by gossip". For example, "I just heard it through the grapevine that she likes him".

ตอนนี้เรายังใช้สำนวนที่หมายถึงได้ยินข่าวลือ เช่น "ฉันได้ยินผ่านต้นองุ่น" ว่าเธอชอบเขา

Why does "loose cannon" mean an unpredictable or out-of-control person?

ทำไมคำ " ปืนใหญ่ หลวม" หมายความว่า คนซึ่งทำนายไม่ถูก หรือ ควบคุมตนเองไม่ได้?

Loose Cannon

In the past, wooden war ships had metal cannons. Strong ropes kept the cannons in place. If the ropes came untied, the "loose cannon" thrust backwards quickly out of control.

ในอดีตเรือรบทำด้วยไม้ มีปืนใหญ่โลหะ เชือกแข็งแรงเก็บที่จัดวาง ถ้าเชือกแก้มัด ปืนใหญ่จะผลักไสลงรวดเร็ว และไม่สามารถควบคุมได้

Look out!
It's LOOSE!

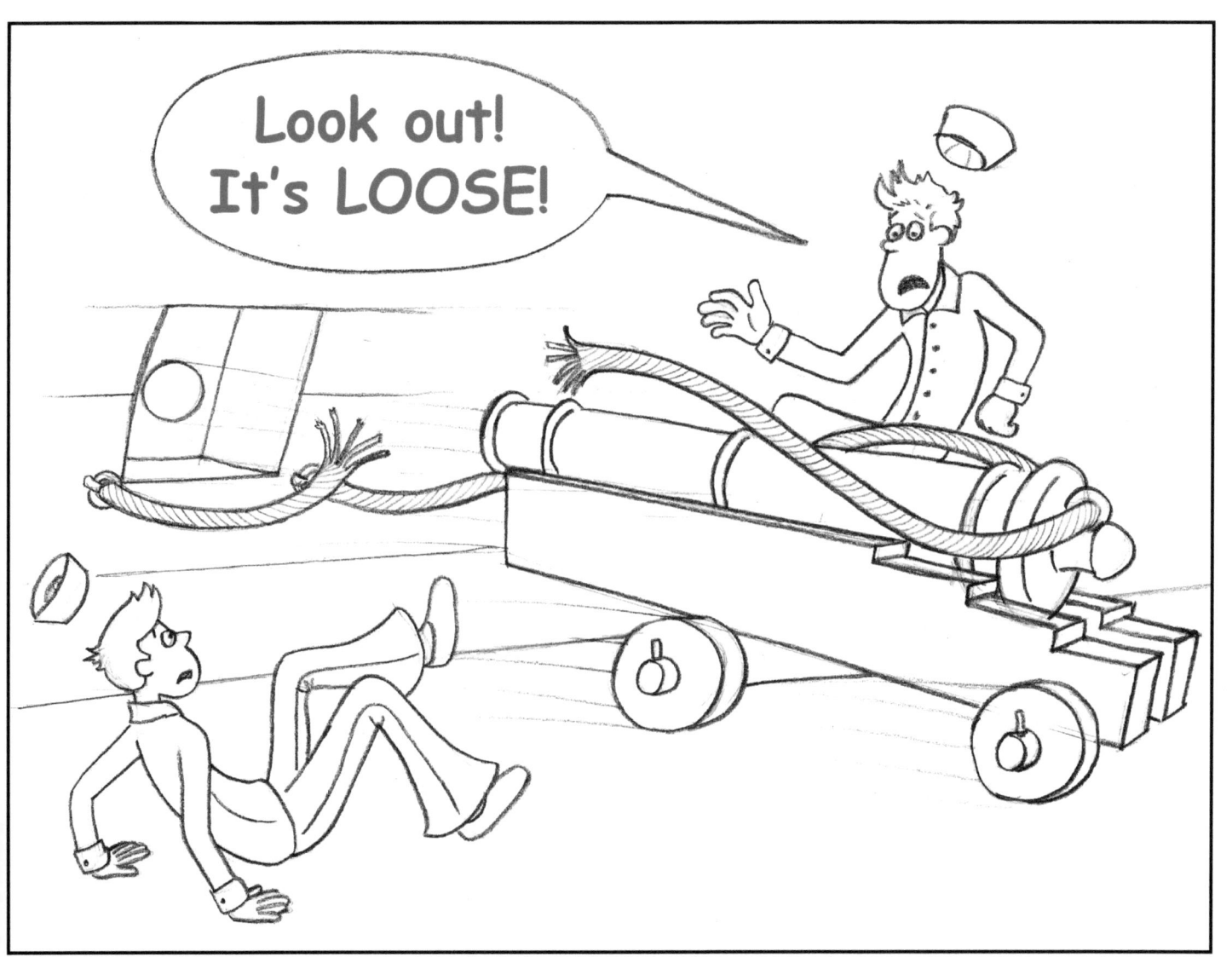

wikipedia commons by Artbrom

Today, we say this phrase to mean people who can't control themselves. For example, "These athletes are loose cannons."

ตอนนี้เรายังใช้สำนวนหมายถึงคนไม่สามารถควบคุมเขาเองได้ เช่นนักกีฬากีฬาเหล่านี้เป็น “ปืนใหญ่หลวม”

Why does "pot hole" mean a hole in the road?

ทำไมคำ "หม้อ รู"
หมายความว่า รูในถนน?

Pot Hole

At first, roads were not paved. They were just dirt. When it rained they were muddy and wheels got stuck. At a city that made a lot ceramics or potteries, there was a problem. There were mounds of broken ceramics including pots.

What could all the broken pieces of pottery be used for? They cleverly spread them onto the muddy roads so tires won't sink in the mud.

Years later, the roads were paved. When holes wore through the tarmac, one could see the bits of pottery. Local people called the holes in the road, "pot holes".

ถนนที่แรกไม่ปูพื้น ถนนเพิ่งแต่ดิน เมื่อฝนตก ถนนเป็นโคลนและล้อเกวียนติด ที่เมืองซึ่งทำ หม้อ และเครื่องปั้นดินเผาเยอะแยะ ก็ มีปัญหา ที่นั่น เพราะว่ามีดินเผาชิ้นแตกจำนวนมากใช้ชิ้นแตก ได้อย่างไร? เขาฉลาดได้กระจายชิ้นแตกบนถนนดินเพื่อช่วยล้อไม่ติดในโคลน หลังจากหลายปีถนนปูพื้นด้วยยางมะตอย เมื่อ ถนนมีรู ก็ เห็นดินเผาชิ้นแตกได้ คนอยู่ใก้ นั้นเรียกรูในถนนเป็น "หม้อ รู"

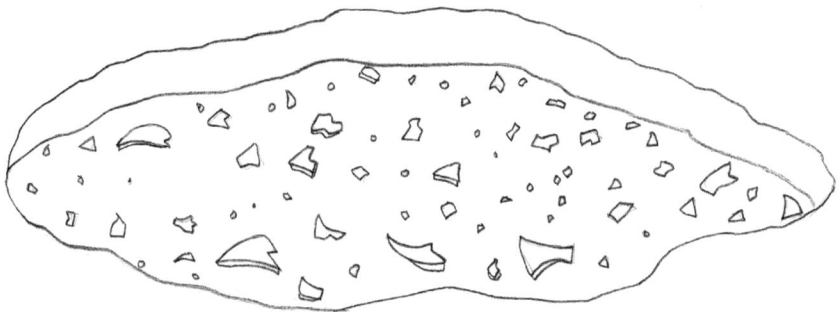

wikipedia commons by Bart Everson

Today, we say this phrase to mean holes in the road. For example, "When the snow melts you can see the pot holes."

ตอนนี้ เรายังใช้สำนวนหมายถึง รูใน ถนน เช่น เมื่อหิมะละลาย เรา เห็น "หม้อ รู" ได้

WHY DOES "PUT A SOCK IN IT" MEAN QUIET DOWN OR STOP DOING SOMETHING ANNOYING?

ทำไมคำ "วางใส่ ถุงเท้า ใน มัน" หมายความว่า เงียบลงซิ หรือ หยุดทำบางสิ่งที่รบกวน?

Put a Sock in It!

Before CD's, records were played on this machine called a phonograph. Music came out of the horn shaped speaker.
There was no way to adjust the volume. The sound was made softer by putting a "sock in it".

ก่อนแผ่นซีดี ก็มีเครื่องเล่นแผ่นจานเสียนี้เพลง ออกจากเครื่องขยายเสียงที่รูปร่างแตรเครื่อง นั้นไม่มีวิธีปรับเปลี่ยนระดับความดังของเสียง ฉะนั้นวางใส่ถุงเท้าในเครื่องที่จะทำให้เสียงเบากว่า

HELP!
It's dark in here!
..... and LOUD.
MARTH-AAA!!!!

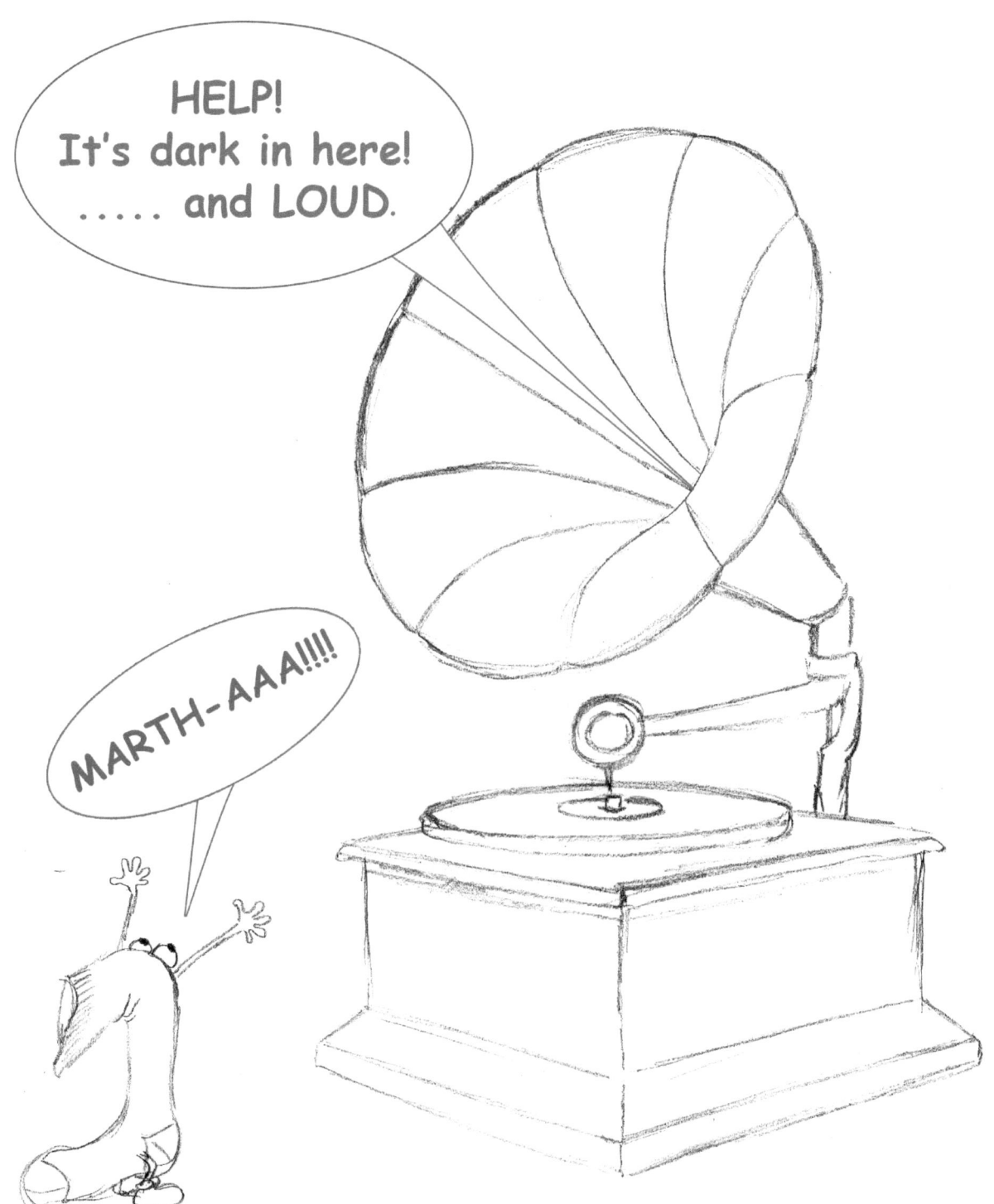

wikipedia commons

Today we say the phrase to mean stop doing something annoying. For example "that is too noisy, put a sock in it".

ตอนนี้เรายังใช้สำนวนหมายถึง หยุด การกระทำที่รบกวน เช่น นั้นเสียงดังมาก "วางใส่ถุงเท้าในมัน"

Why does "quack" mean a bad or dodgy doctor?

ทำไมคำ "เสียงเป็ดร้อง" หมายความว่าหมอไม่เก่ง หรือ หมอเถื่อน?

Quack

In the past before microscopes were invented, doctors didn't know what caused diseases. People once thought that diseases like the plague were caused by bad air. Doctors dressed in an outfit like this to protect themselves.   The beak was full of flowers and fragrances. These doctors didn't cure the disease. The plague killed 1 out of 3 in Europe. The dodgy doctors look like ducks so people called them "quacks".

ก่อนกล้องจุลทรรศน์ ทุกคนไม่รู้อะไรทำให้โรคเกิดขึ้น พวกเขาได้คิดว่าอากาศไม่ดีเป็นต้นเหตุโรค เช่น โรคระบาดรุนแรง หมอสวมใส่เสื้อผ้าชุดอย่างนี้ เพื่อป้องกันตนเอง ส่วนปากนกเต็มด้วยดอกไม้และกลิ่นหอม หมอเหล่านั้นไม่ได้แก้ไขโรค ก็ โรคระบาดรุนแรงฆ่าหนึ่งในสามคนที่ทวีปยุโรป หมอเถื่อนมองดูเหมือนเป็ด ดังนั้นคนเรียกเขาเป็น "แคว็ก" ซึ่งเป็นเสียงเป็ดร้อง

How do I look?
Familiar

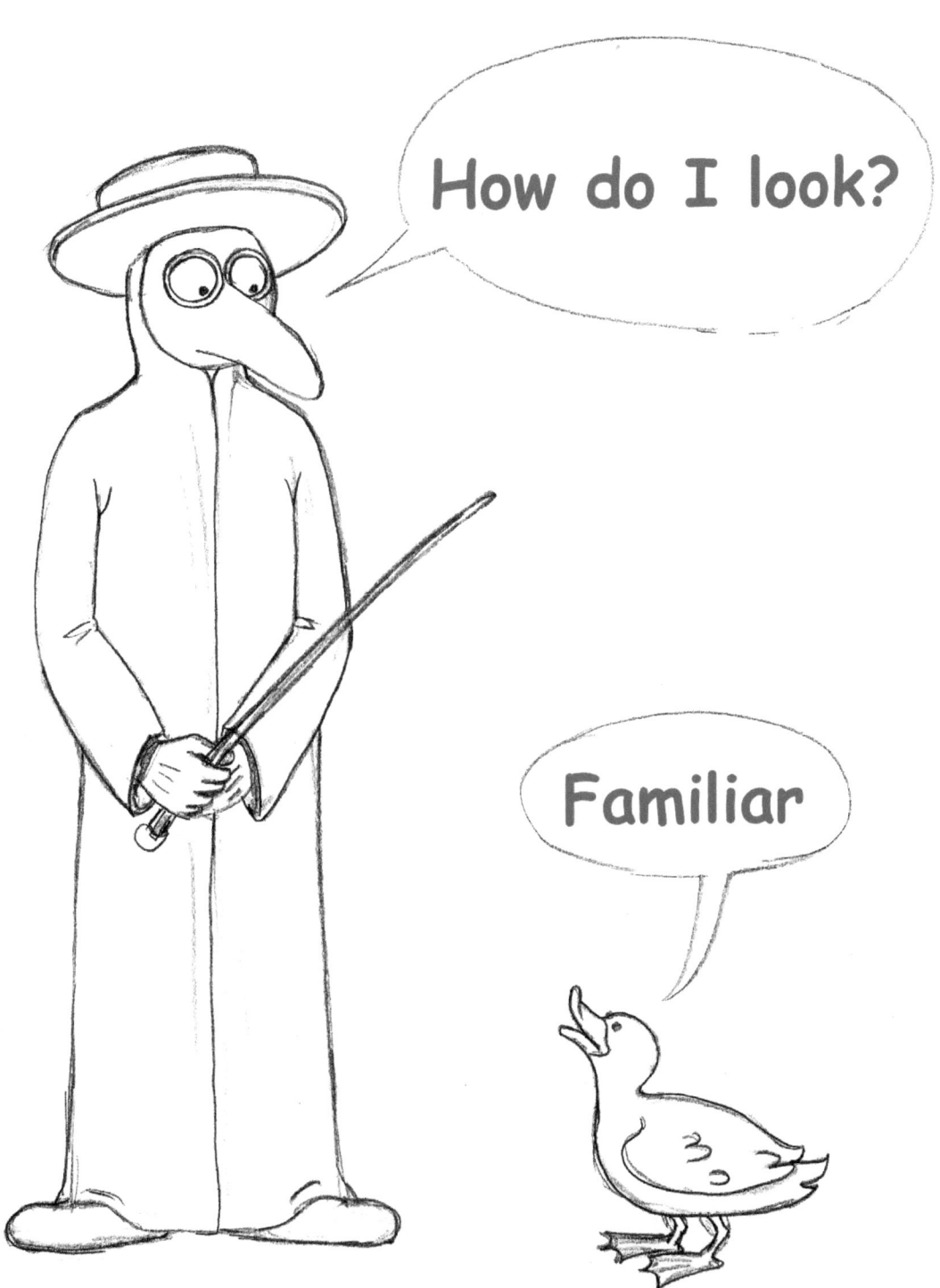

wikipedia commons

Today, we say this phrase to mean a bad doctor. For example, "That doctor gave me the wrong medicine. I think he is a quack."

ตอนนี้เรายังใช้สำนวน หมายถึง หมอไม่เก่ง เช่น หมอนั้นให้ฉันยาผิด ฉันคิดว่าเขาเป็น "แคว็ก"

Why does "saved by the bell" mean rescued at the last minute?

ทำไมคำ "ช่วยเหลือ โดย ระฆัง"
หมายความว่า ช่วยชีวิตไว้ได้ทัน?

Saved by the Bell

Long ago, people feared a sickness where a person appeared dead when they were really just asleep. People were afraid of being buried alive. Therefore, rich people were buried with a cord tied to their toes inside the coffin. The other end was connected to a bell at the surface. People worked in cemeteries listening for ringing bells. If the 'corpse' was actually alive, he would move his foot, ring the bell. He would be saved at the last minute.

นานมาแล้วผู้คนกลัวโรคซึ่งทำให้คนดูเหมือนตายแล้วแต่ว่าแท้จริงเขาเพียงแค่นอนหลับ คนกลัวฝังเมื่อยังมีชีวิตอยู่ เพราะฉะนั้นบุคคลรวย ฝังศพด้วยเชือกผูกให้แน่นที่นิ้วเท้าภายในโลงศพ สิ้นเชือกอื่นๆ ผูกระฆังอยู่ที่พื้นดิน คนงานที่สุสาน ได้ฟังสำหรับสั่นกระดิ่ง ถ้าซากศพยังมีชีวิตอยู่เขาจะเคลื่อนไหวเท้าเขา และสั่นกระดิ่ง เขาจะถูกช่วยชีวิตไว้ได้ทัน

HERE LIES
FRED
WHO WE THINK
IS DEAD
Hey! What's all that commotion?

Today, we still say the phrase to mean rescued at the last moment. For example, "The struggling swimmer was saved by the bell."

ตอนนี้เรายังใช้สำนวนหมายถึงช่วยชีวิตไว้ได้ทัน เช่น นักว่ายน้ำพยามอย่างหนัก ได้ "ช่วย โดย ระฆัง"

Why does "throw the baby out with the bath water" mean to not appreciate something important or throwing out the good with the bad?

ทำไมคำ "โยนเด็กอ่อนออกด้วยน้ำที่ใช้อาบ" หมายความว่าไม่เห็นคุณค่ากับบางสิ่งสำคัญ หรือ ทิ้งสิ่งดีเมื่อทิ้งสิ่งไม่ดี?

Don't Throw the Baby Out with the Bathwater

In the past people did not bathe often. In the castle, servants heated the water and poured it into the wooden bath. The king washed first followed by the Queen and then the older children. Since all used the same water, by the time the babies were bathed the bath water was very murky. The servants had to take care not to "throw the baby out with the bath water".

สมัยก่อน ผู้คน อาบน้ำไม่บ่อย ที่ปราสาท คนรับใช้ทำให้น้ำร้อน และ เทที่อ่างของไม้ กษัตริย์ล้างที่หนึ่งติดตามราชินีและ หลังจากนั้น ลูกโต ทุกคนใช้น้ำเดียวกัน เมื่อ ล้าง เด็กอ่อนน้ำมืดมัว คนรับใช้ต้องระวัง ที่จะไม่ "โยนเด็กอ่อนออกด้วยน้ำที่ใช้อาบ"

Oh dear.
I hope they don't
throw me out with
the bathwater
again!

wikipedia commons

Today, we say this phrase to mean lose the good getting rid of the bad. For example, "Throwing aluminum cans in to the trash is like throwing out the baby with the bath water".

ตอนนี้เรายังใช้สำนวน หมายถึงได้ทิ้งสิ่งดี เมื่อทิ้งสิ่งไม่ดี เช่น ทิ้งกระป๋องอะลูมินัมเข้าไปในขยะเหมือน "โยนเด็กอ่อนออกด้วยน้ำที่ใช้อาบ"

Why does "TIP" mean a reward for service?

ทำไมคำ "ทิป" หมายความว่า เงินรางวัล สำหรับ บริการ?

TIP

Before electricity, people communicated with hand written notes delivered by messengers. When a message was urgent, the sender added extra money and the word TIP.   TIP is the abbreviation for the phrase "To Insure Promptitude". It means to deliver immediately.

ก่อนไฟฟ้า พู้คนเคยติดต่อกันโดยจดหมายเขียน กับมือตนเอง ซึ่งคนแจ้งข่าวนำส่งเมื่อจดหมายเร่งด่วน พู้เขียนจะให้เงินเพิ่มเติม และ เขียน คำ "TIP" ทิป ที่ เป็น การย่อ ภาษาอังกฤษแปลว่า "To Insure Promptitude" หมายความว่า ให้แน่ใจนำส่งทันทีทันใด

It will be there promptly!

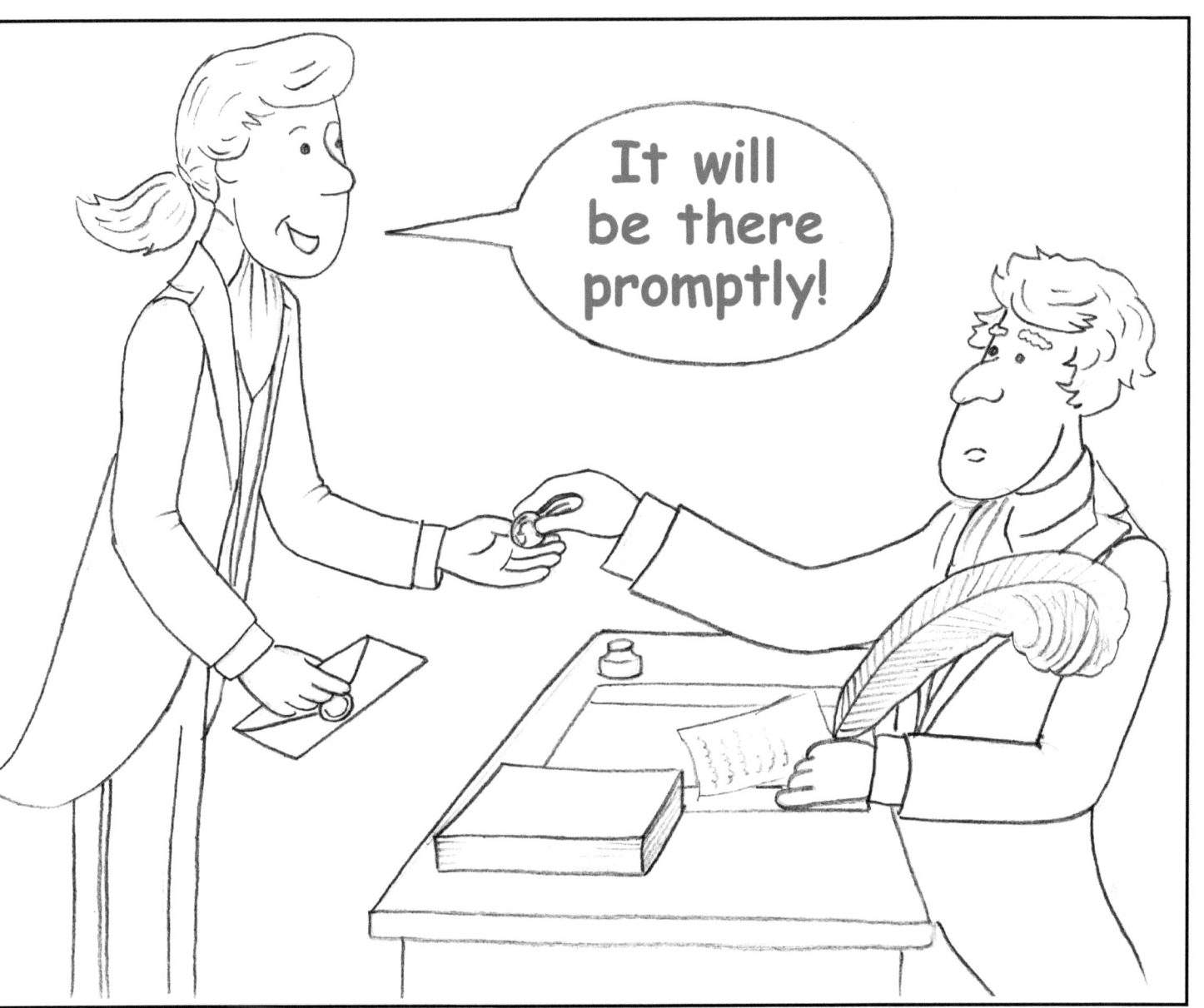

wikipedia commons by Beatrice Murch

Today, we say this phrase to mean money given for excellent service. For example, "The outstanding waiter received a big tip".

ตอนนี้เรายังใช้สำนวน หมายถึง เงินรางวัล สำหรับบริการยอดเยี่ยม? เช่น พนักงานเสริฟที่ดีเยี่ยมได้รับ “ทิป” ใหญ่

Why does "underdog" mean a person or group who is disadvantaged and will probably lose a competition?

ทำไมคำ "หมา ข้างล่าง" หมายความว่า ผู้คนหรือพวกที่เป็นเสียเปรียบและคงจะพ่ายแพ้การแข่งขัน?

Underdog

Before power tools, big logs were hand sawed into lumber by two people. One person was above and one below. The one underneath was covered with sawdust. He was called the "underdog". The origin of the word may be from a pack of dogs where the top-dog bullies the weaker dogs.

ก่อนเครื่องกำลังงาน ต้นไม้ ใหญ่เลื่อยโดยสองคนที่ใช้เครื่องมือถึงไม้เป็นท่อนๆ หนึ่งคนอยู่ข้างบน คนที่สองอยู่ข้างล่าง คนใต้ถูกท่วมกับขี้เลื่อย เขาเรียกว่า "หมา ข้างล่าง" ที่มาคำนั้นอาจจะเป็นฝูงหมา หมาสูงสุดระรานหมาอ่อนแอ

wikipedia commons by Torsten Bolten

Today, we say this phrase to mean a person or team that probably will not win. For example, "He cheered for his sports team even though he knew they were underdogs".

ตอนนี้เรายังใช้สำนวน หมายถึง ผู้คน หรือพวกคงจะไม่ชนะ? เข่น เขาเชียร์ ทีมกีฬา แม้ว่าเขารู้พวกนี้เป็น "หมา ข้างล่าง"

Why does "wave a red flag" mean warn about danger?

ทำไมคำ "โบก ธง สีแดง" หมายความว่าเตือนเกี่ยวกับอันตราย?

Wave a Red Flag

Over a hundred years ago, horses pulled carts and carriages. When the first cars were just invented, some places like London and New York City had 'Red Flag Laws'.
The car could only go a few miles per hour. A person "waving a red flag" had to walk in front of the car to warn the horses on the road.

ร้อยกว่าปีมาแล้ว ม้าลากเกวียนและรถอื่นๆ เมื่อรถยนต์เพิ่งประดิษฐ์ บางที่เช่นลอนดอนและนิวยอร์ก มีกฎหมาย "ธง สีแดง" รถยนต์สามารถไปแต่ช้าๆ คนที่ "โบก ธง สีแดง" ต้องเดินตรงหน้ารถยนต์ ที่จะเตือนม้า ซึ่งอยู่บนถนน

Not the safest job in the world...

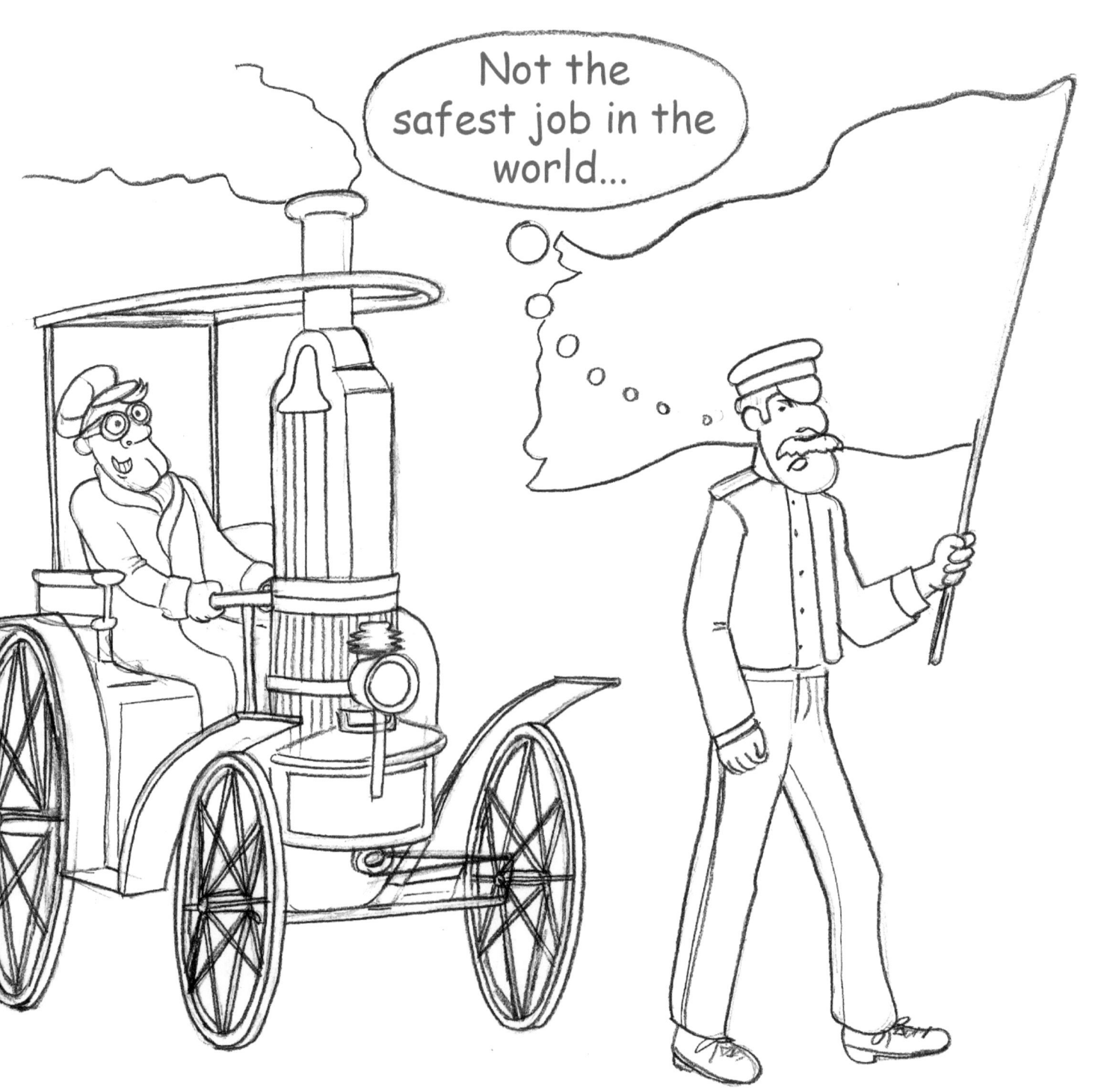

Today, we say this phrase to warn about danger. For example, "Scientists waved a red flag before Hurricane Katrina arrived."

ตอนนี้เรายังใช้สำนวน หมายถึงเตือนเกี่ยวกับ อันตราย เช่น นักวิทยาศาสตร์ "โบก ธง สีแดง" ก่อน พายุเฮอริเคน 'คะทรีนา' มาถึง

WHY DOES "WINDFALL" MEAN SUDDEN GOOD LUCK?

ทำไมคำ "ลม ตก" หมายความว่า โชคดีทันที?

Windfall

In the past, wood fires heated homes. This was a problem for the poor because the rich owned most of the trees. The law let poor people pick up branches which the "wind made fall" from the trees.

สนัยก่อน ไฟที่ใช้ไม้ทำให้บ้านร้อน นี่เป็นปัญหาสำหรับคนจน เพราะว่าคนรวยเป็นเจ้าของต้นไม้ กฎหมาย ให้คนจนเก็บกิ่งก้าน ซึ่ง ลมพัดทำตกออกจากต้นไม้

Boy oh boy
am I the luckiest
peasant EVER!

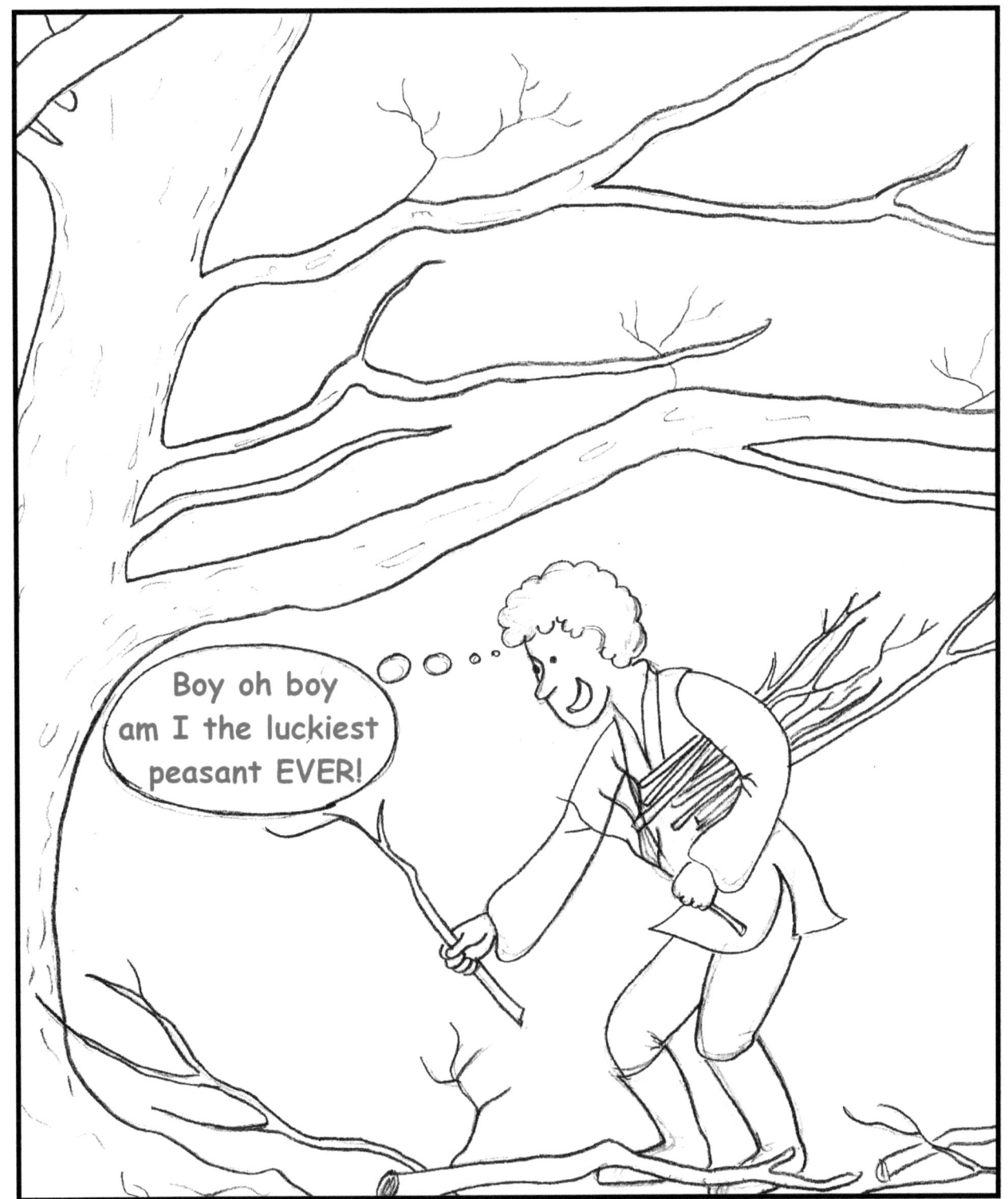

wikipedia commons by Buffalo D. Bills

Today, we say this phrase to mean suddenly getting good luck! For example, "Winning the lottery is a windfall."

ตอนนี้เรายังใช้สำนวน หมายถึง โชคดีทันที เช่น ชัยชนะลอตเตอรี่เป็น "ลม ตก"

Conclusion

Idioms or Catch-Phrases help you practice and better understand English. Idioms share much meaning in a few words. They come from past experiences. Often the original meanings are long forgotten. The idioms remain because they are links to human culture. They also easily explain current experiences.

New York City once had so many horses pulling carts in the city that over two million kilograms of manure were made daily.

Now days, the road horses and red flag laws are gone. We still talk about car engines having horsepower as a reminder of that time.

Today, we still wave red flags and worry about throwing the baby out with the bath water. Let's be optimistic. Even if we are the underdog, I think we will be saved by bell and get a windfall. Just need to watch out for pot holes.

Hope this book helps you see more meanings in Big Wigs, Loose Cannons, Quacks and other Catch Phrases that continue to evolve. There will be new idioms in the future too.

ส่วนสุดท้าย

สำนวนจะช่วยคุณฝึกหัดภาษาอังกฤษและ เขาใจดีกว่า สำนวนแบ่งความหมายมากด้วยคำน้อย สำนวนมาจากประสบการณ์ที่เกิดในอดีต บางครั้งที่มาความหมายถูกลืมนานแล้ว แต่ว่าวลี ยังอยู่ เพราะว่า มันเป็นข้อลูกโซ่ถึงการพัฒนา มนุษย์ สำนวนอธิบายประสบการณ์ในปัจจุบันนี้ ด้วย เมืองนิวยอร์กเคยมีม้าเยอะแยะลากเกวียน ซึ่งทุกวันทำมากกว่าสองล้านกิโลกรัม ของขี้ม้า ตอนนี้ ม้าที่ถนนและกฏหมายธงแดงจากไปแล้ว แต่ว่าเรายังพูดสำนวน เรื่องภาษาอังกฤษอยู่ข้างบนใช้ตัวอย่างสำนวน จากหนังสือนี้
เราหวังว่าหนังสือนี้ได้ช่วยคุณรู้ความหมยมากกว่าเกี่ยวกับสำนวนครับ

by Hyacinthe_Rigaud
wikipedia commons

wikipedia commons

wikipedia commons

wikipedia commons

wikipedia commons
$1 CALIFORNIA STATE INSTANT LOTTERY® GAME
WIN UP TO $5,000 INSTANTLY!
Using edge of coin, gently rub 6 spots. If the same prize amount appears in 3 separate spots, you win that prize.
CALIFORNIA JACKPOT
JACKPOT DRAWING!
Jackpot finalists will be drawn from claimed $100 winners.
VOID IF REMOVED
Bdviets.

wikipedia commons

www.ingramcontent.com/pod-product-compliance
Lightning Source LLC
Chambersburg PA
CBHW041520220426
43667CB00002B/46
* 9 7 8 0 5 5 7 9 0 5 0 8 9 *